L'HIVER À L'ÉTANG BLEU

de William T. George

illustrations de Lindsay Barrett George

Traduit de l'américain par Pierre Bertrand

ARCHIMÈDE

l'école des loisirs

11, rue de Sèvres, Paris 6e

Nous tenons à remercier William Speare,
conservateur scientifique au Muséum Everhart de Scranton,
en Pennsylvanie.
Les illustrations ont été peintes à la gouache.

Titre original : « Christmas at Long Pond », (Greenwillow Books, New York)
Loi n° 49 956 du 16 juillet 1949 sur les publications destinées à la jeunesse : septembre 1993
Dépôt légal : décembre 1994
Imprimé en France par Mame à Tours

À Susan

Tout est calme dans la pénombre qui précède l'aube.
Un lièvre «variable» ronge les brindilles d'un peuplier abattu.

FRRRRRRRRRR !

Les serres d'une chouette manquent le lièvre de peu.
Tenace, la chouette affamée se lance à la poursuite de sa proie,
mais le lièvre se précipite sous le couvert d'un bosquet
de jeunes saules et retourne sain et sauf à son gîte.

La chouette se perche dans un grand pin et reprend son guet. Mais la chasse est terminée : les rayons du soleil font leur apparition à travers la ramure d'un arbre, de l'autre côté de l'Étang Bleu.

Une nouvelle journée d'hiver commence.

Une biche et ses deux faons
dorment sous un sapin.
Il fait encore trop froid pour bouger.

La mère et ses petits attendent
que le soleil ait adouci la fraîcheur
du matin. Enfin, les faons se lèvent
et suivent leur mère à la recherche
de leur nourriture.

Tac ! Tac ! Tac !
La quiétude du matin est troublée par le martèlement d'un pic. Des éclats de bois volent de chaque côté d'un tronc de pin: le pic cherche des fourmis.

Pendant la saison chaude, le pic allait d'arbre en arbre et repérait les fourmis grâce au bruit qu'elles faisaient en se déplaçant dans leurs galeries, sous l'écorce. Il creusait alors de larges trous dans leurs nids et se régalait.

Maintenant, les fourmis, engourdies par le froid, sont inactives et ne font plus de bruit. Mais les trous creusés pendant l'été révèlent les arbres où elles vivent.

Le pic est bien trop occupé pour s'apercevoir qu'on l'observe.

Le père et l'enfant reprennent leur marche, passant devant des bouleaux, des lilas et le mur effondré d'une vieille ferme.

«Quand arriverons-nous ?» demande le garçon.

«Le champ n'est plus très loin», répond son père.

«Est-ce que je pourrai choisir l'arbre ?» demande le garçon.

«Bien sûr», dit le père.

Enfin, voici le vieux champ.

«Que penses-tu de celui-ci, papa? Il est magnifique.»

«Il est parfait», répond le père. «C'est ton grand-père qui a planté ces épicéas. Ils sont presque tous trop grands, maintenant, mais ils procurent un abri aux cerfs et aux oiseaux quand il fait mauvais.»

Le père coupe l'épicéa et l'attache sur le traîneau.
Il lève la tête : c'est l'après-midi, le soleil est haut dans le ciel.

«À toi de retrouver le chemin de la maison», dit-il à son fils.
Les yeux sur la neige, l'enfant remonte les traces de pas.

La petite troupe arrive au vieux mur de pierre. Le père s’arrête et siffle doucement par deux fois. L’enfant regarde par-dessus le mur et découvre la biche et ses faons sous un vieux pommier. Personne ne bouge. Enfin, la biche grogne et s’enfuit en sautant, découvrant le blanc éclatant de sa croupe. Les faons la suivent aussitôt.

«Les cerfs sont partis les premiers», murmure l’enfant.

«Oui», répond le père, «tu es resté très calme, c’est très bien.»

Le chemin du retour passe à travers bois.
Le père et son fils croisent la trace d'un renard :
ces empreintes n'étaient pas là, ce matin.

Le père s'arrête une fois encore, en vue de l'Étang Bleu.

«Je vais abattre un peuplier», dit-il, «va t'asseoir sur le rocher, là-bas. Cet arbre ne pourra pas t'atteindre si loin.»

«Dois-je garder Sam avec moi ?» demande l'enfant.

«Oui», répond son père, «on ne sait jamais de quel côté un arbre peut tomber. Je ne veux pas qu'il vous arrive quoi que ce soit.»

Il détache sa hache et sa scie du traîneau et entaille l'arbre à coups de hache.

Puis il scie l'autre côté du tronc, de façon à rejoindre l'encoche qu'il vient de pratiquer. Avant qu'il ait fini de scier, le peuplier s'incline doucement, prend de la vitesse et s'abat sur la neige dans un grand craquement de branches.

«Maintenant, les cerfs vont pouvoir manger à leur faim», explique-t-il à son fils. «Quand on abat un peuplier en hiver, il pousse des rejets au printemps, non seulement sur la souche, comme c'est le cas pour la plupart des arbres, mais aussi à partir des racines tout autour.»

Le père et l’enfant halent le traîneau jusqu’à l’Étang Bleu. Le soleil s’est couché derrière les collines. Alors qu’ils traversent la surface gelée de l’étang, voici qu’il commence à neiger.

Ils s'accroupissent à côté de la loge du castor. Le père ramasse une branche rongée par les castors.

«Tiens», dit-il, «pose le bout du bâton contre la loge et place l'autre bout contre ton oreille.»

Les yeux du garçon s'arrondissent.

«Ça marche!» s'écrie-t-il, «ils sont là, je les entends bouger.»

«Je n'entends rien d'autre que la neige qui tombe», répond le père. «Nous ferions mieux de rentrer à la maison si nous voulons que l'arbre soit décoré avant ce soir. La nuit commence à tomber, et demain c'est Noël!»